This **Coupon**

is Redeemable for

One _____

This **Coupon**

is Redeemable for

One _____

This **Coupon**

is Redeemable for

One _____

This **Coupon**

is Redeemable for

One _____

This **Coupon**

is Redeemable for

One _____

This **Coupon**

is Redeemable for

One _____

This Coupon is Redeemable for One _____

This Coupon is Redeemable for One _____

This Coupon is Redeemable for One _____

This **Coupon**
is Redeemable for
One _____

This **Coupon**
is Redeemable for
One _____

This **Coupon**
is Redeemable for
One _____

This **Coupon**

is Redeemable for

One _____

This **Coupon**

is Redeemable for

One _____

This **Coupon**

is Redeemable for

One _____

This Coupon is Redeemable for One _____

This Coupon is Redeemable for One _____

This Coupon is Redeemable for One _____

This **Coupon**

is Redeemable for

One _____

This **Coupon**

is Redeemable for

One _____

This **Coupon**

is Redeemable for

One _____

This *Coupon* is Redeemable for
One _____

This *Coupon* is Redeemable for
One _____

This *Coupon* is Redeemable for
One _____

This **Coupon**

is Redeemable for

One _____

This **Coupon**

is Redeemable for

One _____

This **Coupon**

is Redeemable for

One _____

This **Coupon**

is Redeemable for

One _____

This **Coupon**

is Redeemable for

One _____

This **Coupon**

is Redeemable for

One _____

This **Coupon**

is Redeemable for

One _____

This **Coupon**

is Redeemable for

One _____

This **Coupon**

is Redeemable for

One _____

This **Coupon**
is Redeemable for
One _____

This **Coupon**
is Redeemable for
One _____

This **Coupon**
is Redeemable for
One _____

This **Coupon**
is Redeemable for
One _____

This **Coupon**
is Redeemable for
One _____

This **Coupon**
is Redeemable for
One _____

This *Coupon* is Redeemable for One _____

This *Coupon* is Redeemable for One _____

This *Coupon* is Redeemable for One _____

This **Coupon**
is Redeemable for
One _____

This **Coupon**
is Redeemable for
One _____

This **Coupon**
is Redeemable for
One _____

This **Coupon**

is Redeemable for

One _____

This **Coupon**

is Redeemable for

One _____

This **Coupon**

is Redeemable for

One _____

This **Coupon** *is Redeemable for One* _____

This **Coupon** *is Redeemable for One* _____

This **Coupon** *is Redeemable for One* _____

This **Coupon**
is Redeemable for
One _____

This **Coupon**
is Redeemable for
One _____

This **Coupon**
is Redeemable for
One _____

This **Coupon**

is Redeemable for

One _____

This **Coupon**

is Redeemable for

One _____

This **Coupon**

is Redeemable for

One _____

This **Coupon**

is Redeemable for

One _____

This **Coupon**

is Redeemable for

One _____

This **Coupon**

is Redeemable for

One _____

This Coupon

is Redeemable for

One _____

This Coupon

is Redeemable for

One _____

This Coupon

is Redeemable for

One _____

This **Coupon**

is Redeemable for

One _____

This **Coupon**

is Redeemable for

One _____

This **Coupon**

is Redeemable for

One _____

This *Coupon* is Redeemable for One _____

This *Coupon* is Redeemable for One _____

This *Coupon* is Redeemable for One _____

This **Coupon**
is Redeemable for
One _____

This **Coupon**
is Redeemable for
One _____

This **Coupon**
is Redeemable for
One _____

This **Coupon**

is Redeemable for

One _____

This **Coupon**

is Redeemable for

One _____

This **Coupon**

is Redeemable for

One _____

This **Coupon**
is Redeemable for
One _____

This **Coupon**
is Redeemable for
One _____

This **Coupon**
is Redeemable for
One _____

This **Coupon**

is Redeemable for

One _____

This **Coupon**

is Redeemable for

One _____

This **Coupon**

is Redeemable for

One _____

This **Coupon**

is Redeemable for

One _____

This **Coupon**

is Redeemable for

One _____

This **Coupon**

is Redeemable for

One _____

This **Coupon** *is Redeemable for One* _____

This **Coupon** *is Redeemable for One* _____

This **Coupon** *is Redeemable for One* _____

This Coupon is Redeemable for One _____

This Coupon is Redeemable for One _____

This Coupon is Redeemable for One _____

This **Coupon**

is Redeemable for

One _____

This **Coupon**

is Redeemable for

One _____

This **Coupon**

is Redeemable for

One _____

This *Coupon*
is Redeemable for
One _____

This *Coupon*
is Redeemable for
One _____

This *Coupon*
is Redeemable for
One _____

This *Coupon*

is Redeemable for

One _____

This *Coupon*

is Redeemable for

One _____

This *Coupon*

is Redeemable for

One _____

This **Coupon**
is Redeemable for
One _____

This **Coupon**
is Redeemable for
One _____

This **Coupon**
is Redeemable for
One _____

This **Coupon** *is Redeemable for One* _____

This **Coupon** *is Redeemable for One* _____

This **Coupon** *is Redeemable for One* _____

This **Coupon**

is Redeemable for

One _____

This **Coupon**

is Redeemable for

One _____

This **Coupon**

is Redeemable for

One _____

This **Coupon**

is Redeemable for

One _____

This **Coupon**

is Redeemable for

One _____

This **Coupon**

is Redeemable for

One _____

This **Coupon** is Redeemable for One _____

This **Coupon** is Redeemable for One _____

This **Coupon** is Redeemable for One _____

This **Coupon**

is Redeemable for

One _____

This **Coupon**

is Redeemable for

One _____

This **Coupon**

is Redeemable for

One _____

This **Coupon**
is Redeemable for
One _____

This **Coupon**
is Redeemable for
One _____

This **Coupon**
is Redeemable for
One _____

This **Coupon**

is Redeemable for

One _____

This **Coupon**

is Redeemable for

One _____

This **Coupon**

is Redeemable for

One _____

This **Coupon**
is Redeemable for
One _____

This **Coupon**
is Redeemable for
One _____

This **Coupon**
is Redeemable for
One _____

This **Coupon**
is Redeemable for
One _____

This **Coupon**
is Redeemable for
One _____

This **Coupon**
is Redeemable for
One _____

This **Coupon**

is Redeemable for

One _____

This **Coupon**

is Redeemable for

One _____

This **Coupon**

is Redeemable for

One _____

This **Coupon**
is Redeemable for
One _____

This **Coupon**
is Redeemable for
One _____

This **Coupon**
is Redeemable for
One _____

This **Coupon**

is Redeemable for

One _____

This **Coupon**

is Redeemable for

One _____

This **Coupon**

is Redeemable for

One _____

This **Coupon**

is Redeemable for

One _____

This **Coupon**

is Redeemable for

One _____

This **Coupon**

is Redeemable for

One _____

This **Coupon**

is Redeemable for

One _____

This **Coupon**

is Redeemable for

One _____

This **Coupon**

is Redeemable for

One _____

This Coupon

is Redeemable for

One _____

This Coupon

is Redeemable for

One _____

This Coupon

is Redeemable for

One _____

This **Coupon**

is Redeemable for

One _____

This **Coupon**

is Redeemable for

One _____

This **Coupon**

is Redeemable for

One _____

This **Coupon**
is Redeemable for
One _____

This **Coupon**
is Redeemable for
One _____

This **Coupon**
is Redeemable for
One _____

This **Coupon**
is Redeemable for
One _____

This **Coupon**
is Redeemable for
One _____

This **Coupon**
is Redeemable for
One _____

This **Coupon**
is Redeemable for
One _____

This **Coupon**
is Redeemable for
One _____

This **Coupon**
is Redeemable for
One _____

This **Coupon**
is Redeemable for
One _____

This **Coupon**
is Redeemable for
One _____

This **Coupon**
is Redeemable for
One _____

This **Coupon**

is Redeemable for

One _____

This **Coupon**

is Redeemable for

One _____

This **Coupon**

is Redeemable for

One _____

This **Coupon**

is Redeemable for

One _____

This **Coupon**

is Redeemable for

One _____

This **Coupon**

is Redeemable for

One _____

This **Coupon**
is Redeemable for
One _____

This **Coupon**
is Redeemable for
One _____

This **Coupon**
is Redeemable for
One _____

This **Coupon**

is Redeemable for

One _____

This **Coupon**

is Redeemable for

One _____

This **Coupon**

is Redeemable for

One _____

This **Coupon**

is Redeemable for

One _____

This **Coupon**

is Redeemable for

One _____

This **Coupon**

is Redeemable for

One _____

www.ingramcontent.com/pod-product-compliance
Lightning Source LLC
LaVergne TN
LVHW011958070526
838202LV00054B/4955